AF715510

खामोश लफ़्ज़ों में

Nupur Sharma

BookLeaf Publishing
India | USA | UK

Made with ❤ on the BookLeaf Publishing Platform
www.bookleafpub.in
www.bookleafpub.com

Dedication

For my readers,

This book is dedicated to...

मेरे शब्दों को जीवन देने वाले,
मेरे दिल की आवाज़ को सुनने वाले,
और
मेरे सपनों को उड़ान देने वाले।

To all those who've inspired me,
Supported me,
And loved me through it all,

This book is for you 💕.

- Nupur Sharma

Preface

"Khamosh Lafzon Mein" is a collection of my thoughts, emotions, and experiences woven into words. Poetry is a reflection of one's soul, and I've poured my heart into these pages.

This book is a journey through love, loss, hope, and self-discovery. I hope these words resonate with you, make you feel seen, and evoke emotions.

I'm grateful to those who've supported me on this journey. Thank you for being part of my story 💕.

Acknowledgements

मैं अपने परिवार का आभार व्यक्त करती हूँ, जिन्होंने मुझे हमेशा प्रेरित किया और मेरा साथ दिया।
मेरे दोस्तों का शुक्रिया, जिन्होंने मेरी शायरी को सुना और मुझे प्रोत्साहित किया।
मेरे पाठकों का धन्यवाद, जिनके लिए ये शब्द लिखे गए हैं।

आप सभी के बिना ये किताब अधूरी है 💕.

1. नयी उड़ान

रात का जोश ढल रहा है,
सुबह का सूरज निकल रहा है,
कोशिशों की रगों में आज फिर
उमीदों का जूनून उबल रहा है।

जो कल हुआ वो बीत चूका है,
साहस पर मन का कहाँ रुका है,
रात को हताश होकर सोया मन
सुबह फिर खुद से जीत चूका है।

आसमान बाहें खोले खड़ा है,
लक्ष्य ये मेरा मुझसे बड़ा है,
रोज़ जहाँ से हार के लौटता है
दिल आज फिर वहीँ जाने पे अड़ा है।

तो फिर नयी कोशिशों में शुमार हूँ मैं,
वापस कुछ करने को बेक़रार हूँ मैं,
अपने पंख में एक नयी उड़ान भर के
आज फिर से उड़ने को तैयार हूँ मैं।

2. गुड़िया

गुड़िया,
तेरी कहानियों के पैर होते हैं ,
सारे घर में तेरे किस्से दौड़ते रेहते हैं .
ये सोचते सोचते कौनसी दुनिया में चली जाती है,
तू रोज़ नए नए किरदार उठा लाती है. ..
गुड़िया,
ये कौनसे साए हैं दीवारों पे ,
जो बस तुझको ही नज़र आते हैं ,
ये कौनसे देश की पारियां हैं ...
जिनके पंख घर के हर कोने में बिखर जाते हैं,
जानती है , ये जो तूने बादलो से चाँद का घर बनाया था ...
इसकी खिड़की से अक्सर चाँद झाँकता रेहता है,
अब तो मुझको भी नज़र आता है ,
ये सूरज सारा दिन तेरे आगे पीछे भागता रेहता है ...
गुड़िया,
ये तू रोज़ अपनी आखों की सीपियों मे कौनसे रंग ओढ़ के सोती है,
हर सुबह तेरी आखों मे एक नयी तस्वीर होती है .
तेरे नज़रिए से इस दुनिया को देखने के खेल मे अब और भी मज़ा आता है ..
पर डर लगता है ...
गुड़िया
कुछ दिनों में तू और बड़ी हो जाएगी ,
तेरा बचपना और थोड़ा समझदार हो जायेगा ,
और तेरी समझदारी मे तेरी मासूम सी कहानियाँ कहीं खो जाएँगी.....

3. चला ही चल

लक्ष्य को साध कर
प्रतिबध्दता को बाध्य कर
चुन कर अपनी डगर
चला ही चल, चला ही चल

प्रयत्न तू अथक कर
प्रस्वेद में महक कर
गिर, उठ, फिर गिर, फिर उठ कर
चला ही चल, चला ही चल

शोध तू समस्त कर
पर संदेह सब परस्त कर
तर विचारों का भँवर
चला ही चल, चला ही चल

बाधाओं को यौन से
आलोचनाओं को मौन से
हरा के बढ़ तू निडर
चला ही चल, चला ही चल

अहंकार से विरक्त बन
महान बन, सशक्त बन
अग्रिम प्रभात सा प्रखर
चला ही चल, चला ही चल.

4. तू भी सही और मैं भी सही

तुझे मुझसे मुझे तुझसे कोई गिला नहीं,
तू भी सही और मैं भी सही |

पर काश ऐसा न होता,
अच्छा होता कोई गिला शिकवा होता,
हम लड़ लेते झगड़ लेते,
अपने दिल की सुना भी लेते,
अपनी गलती मान के
क्या पता एक दुसरे को मना भी लेते ।

पर ऐसा कुछ भी हुआ नहीं,
कुछ हमने कहा सुना नहीं,
दोनों ही जानते थे कहीं ना कहीं
तू भी सही और मैं भी सही।

हम अपना अपना सही लिए
अब बहुत दूर निकल आये हैं,
इन फासलों के सलीकों में अदब तो हैं
पर एहसास नहीं मिलते,
बातें तो अब भी बहुत हैं करने को,
पर इन बातों को अलफ़ाज़ नहीं मिलते,
यूँ तो हम अब भी बहुत मिलते हैं
पर कुछ ख़ास नहीं मिलते।

सिर्फ गलतियां ही दूरियों की वजह हो
हर बार यही नहीं होता,
सही होकर भी सही होना
कभी कभी सही नहीं होता।

बस इतना सा गलत
की एक सा अपना नजरिया नहीं,
ये तूने समझा, मैंने समझा,
तो क्या था जो हमने समझा नहीं।

वो सही जिसकी ज़िद के आगे तू कभी झुका नहीं,
वो सही जिसपे यकीं के चलते मैं कभी रुका नहीं,
तेरे मेरे दरमियान फासलों की एक वजह यही,
तू भी सही और मैं भी सही।

5. सब्र

थोड़ा सा सब्र रख, रात का मिजाज़ ढलने वाला है,
वो रौशनी सी चली आ रही है, बस अब दिन निकलने वाला है।

कोई दस्तक सी दी है किसी मौके ने मेरे दरवाज़े पे,
लगता है मेरे वक़्त का भी वक़्त बदलने वाला है।

सीखना ही है कुछ गर तो उस चिराग के हौसले से सीख,
जो बुझते बुझते भी यूँ जलता है जैसे और जलने वाला है।

जो तेरे अपने दम पे होगा तो तय होगा ये सफर तेरा,
ये उम्मीद मत रख मुश्किल रास्तों पे कोई तेरे साथ चलने वाला है।

जहाँ तू थक के रुकेगा उसी के आगे तेरी मंज़िल का मकां होगा,
ये जान ले जीत उसी को हासिल है जो जीतने तक चलने वाला है।

6. एक तरफ़ा इश्क़

तेरी नज़रों में अपने एक मकाम के लिए,
मैंने कितनी बुलंदियां हासिल कर ली बस इतने से काम के लिए।

जो तुझको जायज़ ना था वो सब छोड़ दिया मैंने,
देख कितनी कुर्बानियां दी मैंने तेरे एहतराम के लिए।

मैं बेकस हो जाऊं और फिर तू आके संभाले मुझको,
मैं खुद को बर्बाद करने पे आमादा हूँ इस इंतज़ाम के लिए।

तुझसे मुख्लिस भी हूँ और तेरी बेरुखी का भी गिला नहीं मुझको,
मैंने एक तरफ़ा इश्क़ चला रखा है दो तरफ़ा आराम के लिए।

7. नया नया इश्क़

तुम्हारा नाम अपने लबों पे आयत तो मैं कर नहीं सकती,
इश्क़ में बंदगी की सरायत तो मैं कर नहीं सकती।

मुमकिन है कभी शायद तुम्हारा सजदा कर लूँ,
मगर इस हरकत को रवायत तो मैं कर नहीं सकती।

नया नया सा है इसीलिए नपा तुला सा है इश्क़ मेरा,
अब शुरू से ही निहायत तो मैं कर नहीं सकती।

मुझे इश्क़ है, ये बात सिर्फ तुम्हारी दिल्लगी के लिए,
एक जुमले से बड़ा कर हिकायत तो मैं कर नहीं सकती।

तुम्हे शौक़ है तो तुम बेहद खुदा हो जाओ, मगर देख लो,
मैं इंसान हूँ खुदा पे इनायत तो मैं कर नहीं सकती।

मसला गर तुम्हारे दिल की चोरी का है तो खुद ही समझ लो,
अब तुमसे अपनी ही शिकायत तो मैं कर नहीं सकती।

8. हसरतें

हसरतें आसमान तलक, औकात ज़मीं भर भी नहीं,
ऊपर से ख्वाहिशें खरीदने की हैसियत भी नहीं, मुकद्दर भी नहीं।

ख्यालों का हौसला भी देखो, उम्मीदें पाले बैठे हैं,
अब कौन समझाए इनको, ये मुमकिन किसी कदर भी नहीं।

नींदे तो टूटी फूटी सी हैं, मगर ख्वाब बवाल के है,
फैला के देख सकूँ इनको, इतनी मेरी चादर भी नहीं।

अरमानों का उफान उठता है, दूसरों का हिसाब देख कर,
क्या करूँ, जो औरों को वाजिब है, वो मुझको मयस्सर भी नहीं।

मर के भी कौनसा मेरे नसीब को है कुछ आने वाला,
ऊपर वाले ने मेरे हिस्से में लिखा कुछ इधर भी नहीं उधर भी नहीं।

9. पुराना रिश्ता

ये तेरे मेरे रिश्ते की चादर अब बहुत पुरानी हो चली है,
बार बार कहने सुनने से इसके लफ़्ज़ों के रंग उड़ गए है।
सारी चादर पे सफ़ेद सी खामोशियाँ उभर आयी है।

ये खामोशियाँ जब रिश्तों के बदन को छूती हैं, तो बहुत तकलीफ देती है।
सफ़ेद चादर पे जब बेवजह बातों की सलवटें पड़ती हैं, तो बार बार धोने
से भी गलतफहमियों के निशान नहीं जाते |

चलो एक काम करते हैं,
अपना अपना अहम् गिरवी रख के बज़ार से कुछ रंगीन लफ्ज़ खरीद लाते है।
इस चादर को फिर से नया सा रंगीन बनाते हैं।

माना इस काम में मशक्कत बहुत हैं, और खर्चा भी पूरा लगता हैं,
पर खामोशियों से छिले रिश्तों को रफू करके पहनना भी बुरा लगता है।

10. रस्म-ए-दुनिया

हम भी रस्म-ए-दुनियादारी का सारा हिसाब लेके निकले,
जज़्बा तो नेक लेके निकले पर नीयत ख़राब लेके निकले|

माहिर होने को फरेबी में ये लाज़मी था के फिर,
दिल को पत्थर बनाये रक्खा, और आँखों में अश्क़-ए-चिनाब लेके निकले|

जो हरकतों को अक़्ल के मशवरे की आदत ही ना हो,
ऐसे रवैये के नतीजों का कोई कहाँ तक जवाब लेके निकले |

अजीब जज़्बा-ए-दिल है, हार मानता ही नहीं,
मायूसी के कूचे से भी निकले तो फिर कुछ ख्वाब लेके निकले|

न जाने कौनसे मकाम की हसरतों पे दम निकले है,
कि हर एक आरज़ू इस दिल की कोशिशों का सैलाब लेके निकले|

दिल दफ़्न हुए जाता है ख्वाहिशों के बोझ से,
कोई अरमां अब जो निकले तो अपना दिल आप लेके निकले |

11. फलसफा

यूँ भरोसा ना हर किसी पे जाता के देखिये,
पहले थोड़ा इंसान को आज़मा के देखिये।

साज़िशें फितरत की नज़र आयेंगी कुछ और भी,
आदमी के चेहरे से नक़ाब हटा के देखिये।

तालीमें मिलेंगी हर क़दम नयी नयी,
तजस्सुस की नज़रों से रंग दुनिया के देखिये।

अच्छा नहीं हर मसले में खुद को गुनहगार समझना,
कुछ इलज़ाम दूसरों पे भी लगा के देखिये।

आना ताक़त की हर जिंद को तोड़ देती है,
किसी मज़बूत दरख़्त को कभी झुका के देखिये।

आप महरूम नहीं, आपकी किस्मत से भी जलते हैं बहुत,
नुमाइश में अपनी किस्मत कभी सजा के देखिये।

मोज़िज़े इनके हुनर के हैरान कर देंगे,
बस थोड़ा सा भरोसा किसी बच्चे पे दिखा के देखिये।

बड़ जाती है लज़्ज़त तारीफों की कुछ और भी,
ज़ायका इसमें नुख्स का मिला के देखिये।

कतारों में खड़े हैं लोग सजदा करने के लिए,
जलवे भी इस पत्थर के खुदा के देखिये।

12. बगावत

आज फिर देखिये साहिलों की हदों को तोड़ के बहना मेरा,
एक अरसे तलक मुल्तवी रहा है यूँ भी ज़िंदा रहना मेरा ।

आज़ाद कर दिया है हर आवाज़ को हलक़ की क़ैद से,
बहुत हो चूका हर बात को चुप चाप रह के सहना मेरा।

एक उम्र तलाक बदला किया खुद को औरों के हिसाब से,
अब और नहीं होता बर्दाश्त मुझमे कुछ और बनके रहना मेरा।

बे-अदब है, बे-परवाह है, बे-सलीका, बद-रवैया, बद-मिज़ाज़ है,
अब क्या क्या कहेंगे लोग मुझको, वाह! क्या कहना मेरा।

13. एक और मैं

मैं बस एक मैं ही नहीं, मेरी एक पहचान और भी है,
सबकी नज़रों से छुप के रहता है, मुझमे एक इंसान और भी है।

कोई और भी चेहरा है मेरा, इस चेहरे के पीछे छुपा हुआ,
मेरी हर एक फितरत का एक ईमान और भी है।

जितनी भी तुमको नज़र आती है मेरी दुनिया, दिखावे की है,
मेरे अंदर, मेरी हक़ीक़त का एक जहान और भी है।

जितनी शिकन है चेहरे पे, बस उतने का ही ये किस्सा नहीं,
खामोश नज़रों की गिरफ्त में कोई तूफ़ान और भी है।

यूँ झांक के ना देख मुझमे मुझको जानने के लिए,
मेरे हर लिबास में एक गिरेबान और भी है।

14. नाराज़ मैं

मेरे वजूद से लड़ता रहता है एक बगावत के अंदाज़ सा मैं,
जाने क्यों बर्दाश्त नहीं करता अब मुझको, मुझसे नाराज़ सा मैं।

बेलगाम ख्यालों का एक तूफान सा रहता है ज़हन में,
हर घडी दौड़ता रहता है मुझमे एक बदहवास सा मैं।

वो अदब, वो तौर तरीके सब गम हैं,
अब तो सलीकों में भी नहीं मिलता है मेरे मिज़ाज़ सा मैं।

वो उम्र के किसी नाज़ुक मोड़ पे खुद को गवा आया था कभी,
अपने उसी अक्स को ढूंढ़ता रहता है खुद में एक तलाश सा मैं।

आईने बदल दो घर के सारे की कुछ खराबी है इनमे,
हर तरफ नज़र आता है इनमे, मुझे एक उदास सा मैं।

15. नाराज़ रिश्ता

कुछ उसका क़सूर था कुछ मेरी खता भी थी,
नाराज़ रहने की हम दोनो पे वजह भी थी।

ना उसने मनाया कभी ना मैंने कोशिश भी की,
ज़िद ये रवैये की कुछ बेपरवाह भी थी।

मसलसल उलझते रहे एक दूसरे से हम,
और उलझने तमाम सब ख़ामख़ा भी थी।

उस दौर से भी गुज़रा रिश्तों का क़ाफ़िला,
जहां घर की कुछ दिवारें दिलों के दरमियान भी थी।

बातें दम तोड़ रही थी उस दौर में जब,
दो लफ़्ज़ों के बीच लम्बी खामोशियाँ भी थी।

उसके जाने के बाद ही अहसास हुआ ये,
वो एक शख़्स नहीं था उससे मेरी एक दुनिया भी थी।

अब उम्र भर को यही ग़म काश उसे समझ लिया होता मैंने तब,
आदतें तो आख़िर उसकी सब मुझको पता भी थी।

मगर अफ़सोस कहाँ लौट के आता है गुजरा कल,
बस यादों के ज़ख़्म बचें हैं जहाँ कल रिश्तों की दावा भी थी ॥

16. गफलत

एक मुल्क के जैसी अपनी हालत सी हो गयी है,
सरहदों में सिमट के रहने की आदत सी हो गयी है।

सुना है रस्मों रिवाज़ों के परे भी ज़िन्दगी है बहुत,
मगर इन नज़रों की रिवाज़ों के परे देखने की ताक़त सी खो गयी है।

ज़बान उतनी ही मिली है जितने अल्फ़ाज़ सिखाये गए,
जब भी कहा है कुछ किताबों से अलग क़यामत सी हो गयी है।

मुझे दरिया न होने दिया कौमों ने, तालाब ही बनाये रक्खा,
और मैं इस गफलत में खुश हूँ की मेरी बूंदों की हिफाज़त सी हो गयी है।

मज़हब, परस्तिश, बंदगी, सलीके, सब पड़ा है मैंने,
यूँ लगता है हर तालीम से बेखबर होने की ज़रुरत सी हो गयी है।

जाने क्यों इन परिंदों को खुले आसमान में देखकर,
मेरे भी दिल में कुछ इरादों की बगावत सी हो गयी है।

आज फिर दायरों से निकलने की हसरत सी हो गयी है,
आज फिर यूँ लगता है, ऐ ज़िन्दगी, तुझसे मुहब्बत सी हो गयी है।

17. गुमान क्या है

है हासिल सब तो गुमान क्या है,
जो हर दौर बदले वो शान क्या है।

ऐ खाक के पुतले तू ज़र्रा भर ही तो है,
इससे ज़्यादा तेरी औकात ऐ इंसान क्या है।

तेरा रुतबा भी उन्ही से है जो चाहते हैं तुझे,
तेरे मुरीदों से अलग तेरी पहचान क्या है।

हैं और भी तेरे सरीके मशहूर यहाँ,
फिर इस शोहरत के वहम से परेशान क्या है।

जो गर्मी न हो रिश्तों की दीवारों के दर्मिया,
ऐश-ओ-इशरत से लबरेज़ तेरा मकान क्या है।

दो रंग ज़िन्दगी है, जश्न भी है, गम भी है,
बुलंदियां हैं आज तो ग़ुरबत से अनजान क्या है।

तेरी बुलंदियां भी सारी रेहमतें हैं उसकी,
वरना तेरी मर्ज़ी के मुक़द्दर का आसमान क्या है।

हैं काबिल तो काम भी आ किसी आपदीदा के,
मत भूल तेरे पैगम्बर का तुझे फरमान क्या है।

किसी का दर्द ले दिल पे, किसी का रहनुमा भी बन,
किसी मुफ़लिस से यूँ भी पूछ ले उसका अरमान क्या है।

भलाई कर बन्दों की, दुआ ले दर्दमंदों की,
राहे मौला में तेरे आखरी सफर का और सामान क्या है।

18. हैरत

दहशतगर्दी का मज़हब देखकर, खून खराबे का ईमान देखकर,
हैरत में हूँ ऐ खुदा तेरी बंदगी का सारा सामान देखकर।

उफ़ क्या क़यामत है, हर वक़्त धमाके हो रहे हैं,
अब तो रूह भी नहीं काँप रही है बचपन को लहूलुहान देखकर।

लाशों में बदल रही हैं ज़िंदगियाँ मदद के इंतज़ार में,
मुँह फेर के गुज़र रही है इंसानियत सड़क पे मरता इंसान देखकर।

कौमी सियासतें नफरतों से बुन रही हैं लिबास मज़हबी,
गुमराह हो रही है जोश-ए-जवानी सुर्ख पोशाकों के बयान देखकर।

पनाह ढून्ढ रही हैं रिहाइशें शहरों को जंग के हवाले कर,
ज़र्ज़रा रही हैं तरक्की की मीनारें बारूदों में धसें मकान
देखकर।

ज़हर नफरतों के बो रहे हैं इबाबतों में रहनुमा सारे,
उग रही है फसल रंजिशों को बीते ज़ख्मों के निशान देखकर।

बर्बाद हो चुकी है नस्लें के अब तो बंद हो ये सिलसिला कहीं,
लहलहाएं इस ज़मीन पे फिर से खुशियां, अमन का आसमान
देखकर।

19. आखरी साँस

दर्द हल्का होता रह, साँस भारी चलती रही,
ज़िन्दगी तेरी रुखसती की सब तैयारी चलती रही।

लोग हाल पूछते रहे, हम मुस्कुराते रहे,
आखरी वक़्त था, तीमारदारी चलती रही।

छुप छुप के हौसले टूट कर आँखों से बहते रहे,
मायूस चेहरों की नज़रों से पर्दादारी चलती रही।

कांपते हाथ रात भर नब्ज़ जांचते रहे,
बेबस ज़िन्दगी की मौत के आगे लाचारी चलती रही।

इस डर से के न जाने किस घड़ी अब दम निकले,
सबकी साँसे थमी रहीं, बस हमारी चलती रही।

फिर सिसकियों से पैगाम भी भेजे गए रूह-ए-विदाई के,
गौहसल कफ़न की वाजिब रस्में बारी बारी चलती रहीं।

वो भी क्या शान से आखरी मर्तबा घर से निकले,
दोस्तों के कन्धों पे अपनी सवारी चलती रही।

दफ़न होक भी ना ख़तम हुआ ये दौर याद आने का,
कब्र में भी हिचकियों की सिलसिलेवरि चलती रही।

20. ज़िन्दगी का दाम

अठ्न्नी के दाम बिकने को आये थे,
चवन्नी में ही नीलम हो गए है,
बहुत गिर गया है दाम ज़िन्दगी का इस बाजार में,
लगता है यहाँ बिकने वाले तमाम हो गए हैं।

जो पड़ी हुई मिलती थी तो उठा लिया करते थे,
हम यूँ ही टुकड़ों में ज़िंदगी को जिया करते थे,
आजकल मौहलते मांग के जिया करते हैं,
क्या करें किसी अमीर के गुलाम हो गए हैं।

आएं इजाज़त लेके, जाएँ इजाज़त लेके,
कभी कभी दिल करता है मर जाएँ इजाज़त लेके,
जो भी इजाज़त लिख दे वो ही हम हैं,
इजाज़त कलम हैं, हम कलाम हो गए हैं।

अब तो न रह गया कोई वास्ता ज़िन्दगी से,
टकराएगा भी कैसे मेरा रास्ता ज़िन्दगी से,
वक़्त में बंध के बँट से गए हैं,
ज़िन्दगी सुबह हो गयी हैं, हम शाम हो गए हैं।

अभी तो और बदलेंगे ये हालात हमको,
रुलायेंगे हमारे ही ख़यालात हमको,
वक़्त जब देगा हरकतों का हिसाब हमको,
दिल खुद ही से कर देगा लाजवाब हमको,

बस यूँ ही ये ख्याल आया एक रात हमको,
खुशियों की आस में, शोहरत की तलाश में,
कितने गुमसुम हो गए हैं, कितने गुमनाम हो गए हैं।

21. रिश्ते

रोज़ का यही मंज़र है, रोज़ लड़ते हैं सुलह करते हैं,
रिश्ते घुंघरू की तरह होते है, साथ रहते हैं तो बजा करते हैं।

चौखटों के पास मिलता है पुलिंदा सारे किस्सों का,
दीवारें हिसाब रखती हैं, बटवारों के हिस्सों का,
खिड़कियां रखती हैं हिसाब किताब लेन देन की बातों का,
छतों से कहाँ छुपता हैं कभी, मज़र जागती रातों का |

ये शक्ल बदलते कमरे सालों का लेखा रखते हैं,
मकान बुज़ुर्गों की तरह होते हैं, सब जानते हैं, सब पता रखते हैं।

ज़बान की तो होती ही हैं फितरत मुकर जाने की,
नसीब की भी आदत होती हैं वक़्त पे काम ना आने की,
उसूल ये सारे के सारे, माहौल के हिसाब के होते हैं,
फलसफे दुनिया भर के बस किताब के होते हैं।

हौसला देने वाले चेहरे दिलों में ज़हर छुपा रखते हैं,
लोग मौसम की तरह होते हैं, बदलने की अदा रखते हैं।

22. तकाज़े

पेड़ों के घर उजाड़ के इमारतें बो रहे हैं,
कुदरत के साथ तकाज़े भी क्या क्या हो रहे हैं।

रौंद के नौख़ेज़ों को आलिशान मकानों के पैरों तले,
कितने सुकून से हम सबज़ाह की मज़ारों पे सो रहे हैं।

फ़ैल रही हैं बस्तियां हर तरफ दिन-ब-दिन,
शहरों की भीड़ में जंगलों के वजूद खो रहे हैं।

होती थी कभी फसलों की भी पैदावारियाँ यहाँ,
अब तो हर तरफ इंसान ही इंसान हो रहे हैं।

बेच रहे हैं बहते दरिया को बोतलों में,
और खली बोतले सूखे दरिया में डुबो रहे हैं।

घोल के ज़हर हवाओं में तरक्की के नाम पे,
धुए के कारोबारी ताज़ा हवा को रो रहे हैं।

सोचिये ज़रा आने वाली नस्लों की नज़रों में हमको,
क्या मिसाल होना था और हम क्या मिसाल हो रहे हैं।

23. अहसास

वो जो एक बार
तुमसे गले मिलके तुम्हे महसूस किया था मैंने,
वो एहसास मैंने आज भी अपने गले में पहना हुआ है।

थोड़ा पुराना हो गया है,
पर सुकून बहुत देता है ।

सुनो एक गुज़ारिश है,
जो इजाज़त हो तो बयां करना है,
मुझे वापस तुमसे गले मिलके,
अपना वो एहसास नया करना है।

24. अलग

किसी की सोच अलग, किसी का रवईया अलग,
ज़िन्दगी एक गाड़ी, जिसका हर पहिया अलग।

एक माटी, एक रंग, एक साँचा, फिर भी अलग,
एक ही हाथ, पर हाथ की सारी उँगलियाँ अलग।

एक ही बात के हज़ार मतलब निकल सकते हैं,
जो सोचे उस बात पर उसका अपना नजरिया अलग।

कहीं हम जीते, कहीं हारे, कहीं अच्छे, कहीं बुरे हुए,
हमारी वही कहानी जो कहे, उसका अपना किस्सा अलग।

कोई गिरा, कोई उठ गया, किसी ने सीखा, कोई सब भूल गया,
एक ही हादसे का शिकार सब, पर सब का अपना तजुर्बा अलग।

कहीं खिड़की दरवाज़े, कहीं कुर्सी, मेज़, अलमारी, पलंग,
एक ही घर का हर कोना, अपनी एक दुनिया अलग।

25. बचपन

चाँद से किस्से कहते थे, तारों से बातें करते थे,
पैरों को डुबो के नदिया में, किनारों से बातें करते थे।

कागज़ की नाव पे खत लिख कर परियों को भेजा करते थे,
फिर छोड़ के नाव को दरिया में किनारों से बातें करते थे।

चंद सिक्कों की दौलत पे रईसी का गुमान हो जाता था,
जब हाथों से हिला के गुल्लक को झंकारों से बातें करते थे।

एक चादर में लिपट के बैठे - रात, चांदनी, यादें और मैं,
सिरहाने बैठे दादा-दादी चरों से बातें करते थे।

भरी दुपहरी सुनते सुनते जब माँ थक सो जाती थी,
बगल में उसके लेटे लेटे दीवारों से बातें करते थे।

कागज़ पे बना के राजा, रानी, पेड़, पहाड़, चिड़िया और घर,
घंटों फिर उन कागज़ के किरदाओं से बातें करते थे।

सारी दुनिया को क़दमों पे झुकाने का जुनूँ आ जाता था,
जब शाम को चौराहे पे मिलकर यारों से बातें करते थे।

मौकों के तक़ाज़ों के चलते जब होठ सील जाया करते थे,
दरवाज़े की ओट में छुपकर इशारों से बातें करते थे।

उलझे रिश्ते, नाराज़ मौहल्ले, कुछ दिल दुखाते दोस्त पुराने,
लेकिन जब सामने मिलते थे, सारों से बातें करते थे।

एक पराये देश में आके चुप सी लगी है होठों पे,
जब अपने शहर में रहते थे, हज़ारों से बातें करते थे।

26. वो बुरा मान जाते हैं

वो नहीं जानते,

वो नहीं जानते,
की ये जो इत्तेफ़ाक़न यूँ ही
हम कभी कभी उस मोड़ पे मिल जाते हैं,
इस मुलाक़ात की फ़िराक़ में
मेरा हर रोज़, कितनी दफा,
उस मोड़ से गुज़ारना होता है।

वो नहीं जानते,
की ये जो उनका नाम मेरे होटों तक आते आते,
एक शफे में उलझ के बिखर सा जाता हैं,
इस नाम को इसी उलझे से अंदाज़ में कहने के लिए,
इन शफ़ो का जान के मेरे होटों पे
उलझ के बिखरना होता हैं |

वो नहीं जानते,
की ये जो उनको एक नज़र छुप के देखते हुए,
वो मेरी चोरी को पकड़ लेते हैं और मुस्कुरा देते हैं,
इस चोरी के पकड़े जाने के लिए,
न जाने कितनी देर तक
मेरी नज़रों का उन के चेहरे पे छुप के ठहरना होता हैं |

पर गर वो नहीं जानते,

तो क्यों मेरी इन बेपरवाह सी हरकतों की गुस्ताख़ियों से पशेमाँ जाते हैं,
गर वो नहीं जानते,
तो कैसे सर-ए-महफ़िल मेरी गुमनाम सी सरगोशियों में भी अपना ज़िक्र
पहचान जाते हैं|

और गर वो जानते हैं
तो मैं अपनी खाहिशों को बेपर्दा कर
सरेआम अपनी चाहत को जाता देती हूँ,

वो बुरा मान जाते हैं।

वो नहीं जानते,

वो नहीं जानते,
की ये जो इज़हार-ऐ-मोहब्बत के तहत
उनसे मुलाक़ात आज मुक़र्रर है,
इस मुलाक़ात का
मेरे दिल को इंतज़ार कबसे है |

वो नहीं जानते,
इस बहर-ऐ-सबा में
उनके सुर्ख होठों से
वो हर्फ़-ऐ-सुखन सुनने को,
ये दिल बेकरार कब से है।

वो नहीं जानते,
की मेरे चेहरे के सफों में
जो चंद रोज़ से बयां है,
एक हसरत सा छुपा हुआ
मेरे दिल में ये प्यार कबसे है।

पर गर वो नहीं जानते,
तो किस ऐतबार के यकीं पे उनके ये मिलने के फरमान आते हैं।
गर वो नहीं जानते,
तो क्यों मेरी हिचकिचाहटों की सलवटों को भी मेरे इक़रार का सबब
मान
जाते हैं।

और गर वो जानते हैं
तो उनके सवालों के जवाबों में
मैं हैरानियों की अदाकारियाँ शामिल कर लेती हूँ,

वो बुरा मान जाते हैं।

27. Forgotten Friends of Valley

ये घर कभी मेरा भी था,
ये शहर कभी मेरा भी था।
झरोखों से झांकता हुआ,
वादियों को ताकता हुआ,
चिनार के सूखे पत्ते सा,
सुर्ख हवाओं के संग भागता हुआ,
ये डल पे बिछी बर्फ की तह का मंज़र कभी मेरा भी था।
ये शहर कभी मेरा भी था।

इस खाली मकान की दीवारों में,
इन वीरान सी दरारो में,
कभी गरमाहट मेरे रिश्तों की थी,
मशक्कत मेरी पुश्तों की थी।
तो आज जो ये धूल की चादर ओढ़े खड़ा सा है,
सड़क किनारे लावारिस सा पड़ा सा है,
हर रौशनी से महरूम सा,
किसी बेघर हुए मासूम सा,
टूटता हुआ, ज़रज़राता हुआ
खंडर कभी मेरा भी था।
ये घर कभी मेरा भी था।

इन सड़को पे बिछे तारो में,
इन बंद दुकानों के बाज़ारो में,

कभी जरूरतें आबाद भी होती थी,
हर-सूँ रौनके शाद भी होती थी।
तो आज ये जो नफरतो की आग में झुलसा सा है,
किसी दहशत के मरकज़, किसी जंग के मैदां सा है,
आज कौमी सियासतो की सलतनत में,
खाना बन्दियों की गिरफ्त में,
जंग के सौदागरो का हुआ
पर कभी मेरा भी था।
ये शहर कभी मेरा भी था।

मेरी दिवाली में, तेरी ईद में,
तेरे हर जशन में, मेरी हर जीत में,
कभी हर मौके हम साथ शरीक थे,
एक दूसरे के अज़ीज़ थे।
तो फिर आज क्यूँ मुझसे इतना परेशाँ है तू,
क्यूँ हिन्दू हूँ मैं, क्यूँ मुसलमाँ है तू,
मेरी आँख का एक कतरा भी तुझे गँवारा न था,
देख आज बेघर हूँ मैं, बेपरवाह है तू,
ऐ दोस्त मेरे, लख्त-ए-जिगर मेरे
तू हम सफर कभी मेरा भी था।
तेरा घर कभी मेरा भी था।

आज भी बड़ी हसरतो से अपनी ज़मीं को देखता हूँ मैं,
इन नफरतो के जंगलों में अपनी जन्नत ढूँढता हूँ मैं,
मैं घर का वो हिस्सा हूँ, घर से निकाल के भुला दिया जिसे,
मैं वो मोहरा हूँ, सियासतों ने मज़हबो के खेल में कुर्बां किया जिसे,
अपनों के खून का जख्म अपने दिल पे लीये फिरता हूँ मैं,

अपने ही घर में लौटकर आने से अब डरता हूँ मैं,
ऐ हुकूमत मेरी, ऐ मुल्क मेरे, ऐ दोस्त मेरे
मुझे भी याद कर,
बरसों से अपने ही घर में मुहाजिर हूँ मैं
मुझे फिर से आबाद कर.....
मुझे फिर से आबाद कर.....

www.ingramcontent.com/pod-product-compliance
Lightning Source LLC
Chambersburg PA
CBHW070651240926
51846CB00003BA/865
9789373140513